Z 2884
(Feb. Theor (4))
5498
#A 6 Revenu de chez mr. Fétis.

(Ventôse, an 7.)

QUELQUES VUES
SUR LES MOYENS
DE CONSERVER ET RÉTABLIR
L'OPÉRA
DANS TOUT SON ÉCLAT.

Bibliothèque Royale

NOTA. Au commencement de l'an cinq nous proposâmes à l'Administration du Théâtre de la République & des Arts, les projets de salle d'Opéra que nous présentons aujourd'hui au public ; nous la placions pour lors aux Capucines entre la place Vendôme & les Boullevards : nous communiquâmes notre plan à plusieurs artistes, entr'autres au Citoyen Wailly. Un an après notre plan fut publié dans les Journaux, dans la Décade, sous le nom de cet habile architecte.

Ces Notes sont écrites depuis plus d'un an, & plus de cent personnes (même plusieurs que nous ne connoissons pas) en ont entendu la lecture à cette époque, & il y a trois mois que le Messager des Relations extérieures a publié des Lettres sur l'Opéra, qui renferment quelques unes de nos idées ; ce n'est pas étonnant, les bons esprits se rencontrent.

Ces notes sont imprimées depuis huit jours, & le 2 germinal, le Messager des Relations extérieures a imprimé les bases du plan que nous donnons pour bâtir une salle d'Opéra ; le lieu, la forme, les avantages que nous annonçons, presque tout ce qui concerne cette salle est désigné dans ce Journal.

C'est encore une preuve que les bons esprits se rencontrent, & nous nous en félicitons. Cela ne rend pas notre projet moins bon, & ne doit pas moins engager le Gouvernement à profiter de ce qu'il peut présenter d'utile.

Une Compagnie est prête à exécuter, & il dépend du Gouvernement de mettre à profit ses moyens & sa bonne volonté.

QUELQUES VUES

Sur les moyens de conserver & rétablir l'Opéra dans tout son éclat.

Tout le monde est d'accord sur la nécessité de conserver l'Opéra. On regarde avec raison ce Théâtre comme la réunion de tous les talens & des arts, par conséquent comme inhérent à la gloire nationale. En effet, c'est avec cette réunion seule que peuvent se chanter dignement nos triomphes, nos victoires, & que nous pouvons faire passer dans tous les cœurs ce sentiment d'admiration & d'enthousiasme si nécessaire à exciter dans les Républiques naissantes, & si essentiel à conserver dans celles qui sont établies.

Depuis longtems l'Opéra privé de tous les secours qui lui sont nécessaires, du nerf qui lui est indispensable, de l'organisation dont il a besoin, & qui lui convient, semble être à deux doigts de sa perte, &

l'on n'entend parler partout que de sa décadence & de sa chute très-prochaine.

Cependant ceux qui suivent cet intéressant & sublime spectacle, ceux qui connoissent les élémens qui le composent, savent fort bien qu'il renferme encore tous ceux qui peuvent contribuer à son succès & à sa gloire.

Sans doute lorsqu'on possède les Chérons, les Lays, les Latour, les Maillard, on ne doit pas craindre que le chant ait perdu ses sectaires.

Lorsqu'on possède les Vestris, les Gardel, les Pérignon, on doit être assuré de trouver le charme réuni au talent.

Lorsqu'un Orchestre renferme les Levasseur, les Frédéric Duvernoi, les Lefebvre, les Guénin, les Delcambre, les Salentins, les Rousseau, on doit être assuré d'entendre une musique, un accompagnement dignes des oreilles les plus délicates.

Lorsqu'enfin un Conservatoire de musique aussi bien dirigé que le nôtre, sur lequel le Gouvernement a sans cesse les yeux, se forme & s'élève rapidement, nous ne devons pas craindre de manquer d'artistes propres à alimenter le premier théâtre national, & le seul vraiment digne de ce nom.

Que faut-il donc pour le sortir de la léthargie où il semble être plongé depuis quelque tems, & pour le rendre à sa première splendeur, pour lui donner ce caractère de grandeur, de célébrité, de supériorité qu'il a toujours eu sur tous les théâtres du monde, & qu'il est important à la République de lui conserver ?

C'est ce qu'on n'a point encore cherché à approfondir ; c'est ce qu'il est aisé de découvrir, & c'est ce que nous allons faire avec le plus de simplicité possible.

Nous ne récriminerons point sur le passé, nous nous occuperons seulement d'indiquer au Gouvernement les moyens possibles qui nous paroissent les plus propres & les plus faciles pour assurer l'existence à jamais durable de ce théâtre.

Comme nos intentions sont pures, que notre amour pour les arts & notre attachement à la gloire de notre patrie, est le seul but qui nous guide; comme nulle prétention au titre d'auteur ne nous dirige, comme nulle ambition ne nous conduit, nous nous flattons que le public nous saura quelque gré de lui avoir mis sous les yeux nos idées, & d'avoir, malgré la négligence du style, osé les livrer à l'impression.

Une nouvelle organisation est d'abord le premier & le plus indispensable des moyens que nous présenterons.

Trois choses sont nécessaires pour parvenir utilement à celle de qui dépend le succès des moyens à employer.

1°. Une grande réforme dans toutes les parties.

2°. Une recherche & un choix bien fait des artistes destinés à remplacer les réformés.

3°. Des mesures sages & certaines pour assurer à ceux sur qui tomberont les réformes, le paiement de leur retraite, ainsi que les honoraires aux artistes en activité.

Les réformes sont sans contredit d'une

nécessité première tant pour l'Opéra lui-même, que pour ceux sur qui elles tomberont. Il n'est pas un artiste qui soit dans le cas d'être réformé qui ne sente que chaque chose a son tems, & qui ne soit le premier à demander sa retraite & à se retirer sans peine lorsqu'il verra que ses talens & les plus belles années de sa vie, consacrée à son devoir, sont récompensées comme elles doivent l'être ; il sera donc facile d'opérer cette réforme en accordant à ceux qui les subiront les pensions qui sont dûes à leur travail & à leurs talens ; il ne sagira plus que de les convaincre que ces pensions promises ne sont pas un vain mot, & que leur vieillesse malheureuse ne sera pas abusée par des tristes promesses. Nous verrons dans la suite comment nous croyons possible d'établir une Caisse pour les pensionnaires. Il nous suffit pour le moment d'avoir désigné ce qu'il falloit faire pour opérer la réforme proposée sans occasionner aucun mécontentement.

La recherche à faire pour le choix des artistes qui doivent remplacer les supprimés ne doit pas être bien pénible dans les circonstances. Les principaux artistes sont encore dans la fleur de leur âge & dans la belle saison de leur art. S'il en est quelques-uns dont les longs services exigent du repos, il est juste, il est sage de le leur procurer ; ainsi faut-il leur trouver des seconds dignes d'eux, & dont la distance énorme dans les talens ne laisse point appercevoir une différence désagréable pour le public, & humiliante pour les chefs-d'œuvres lyriques qu'ils sont obligés de chanter. Jamais l'occasion ne fut plus favorable pour trouver les artistes qui sont nécessaires à occuper les places que nous désignons. L'Italie, le berceau des arts, le sanctuaire de la musique, est tributaire de la France. Pourquoi ne mettrions-nous pas à contribution les arts en faveur des arts même ? Pourquoi des commissaires nommés par le Gouvernement ne parcourroient-ils pas toutes ces contrées, & n'iroient-ils pas choisir dans tous les théâtres les voix qui leur paroîtroient les plus dignes de l'Opéra ? C'est sur-tout des hautes-contres dont nous avons le plus de besoin, & ces sortes de voix que la nature accorde difficilement aux hommes qui la chériffent & la refpectent, font communes dans un pays où le goût des arts l'emporte fur les jouiffances de la vie. Il ne feroit pas moins fage au Gouvernement de faire parcourir à des commiffaires toutes les villes de la République où fe trouvent des théâtres, & d'y puifer celles des voix qu'on trouveroit convenables & affez jeunes pour former de nouveaux chœurs à l'Opéra, qui fans les offenfer, font un peu ufés aujourd'hui, mais qui n'ont befoin d'être renouvellés que pour remplir la lacune qui exiftera du moment préfent à celui où les élèves du confervatoire de mufique pourront alimenter fous tous les rapports le théâtre des Arts.

Nous croyons n'avoir pas befoin de nous étendre davantage fur la néceffité de la réforme, fur la facilité du remplacement; mais nous aurions manqué notre but fi nous n'indiquions pas les moyens faciles & certains d'affurer le fort des uns & des autres, c'est-à-dire les retraites des réformés, & les honoraires des artistes en activité.

Ces moyens sont tous dans la main du Gouvernement, & il peut d'un seul mot les employer avec efficacité.

Les circonstances sont trop pénibles pour qu'il puisse donner, soit sur la caisse nationale, soit sur ses économies, des secours pécuniaires sans lesquelles ce théâtre ne peut se soutenir.

Les recettes journalières de ce spectacle sont insuffisantes pour ses besoins journaliers. Hé-bien ! pour un moment faisons-le renoncer aux dons du Gouvernement, & voyons comment nous pourrions lui procurer d'autres ressources.

Il ne faut pas perdre de vüe que le théâtre des arts, est, comme nous l'avons dit, le seul théâtre national, le seul que le Gouvernement, que la gloire nationale ait intérêt à soutenir ; que parconséquent tout ce qu'on peut faire pour lui ne doit point être regardé comme une règle générale à laquelle il doit toujours faire exception.

Pourquoi donc le Gouvernement actuel n'emploieroit-il pas aujourd'hui, pour soutenir l'Opéra, le même moyen dont l'ancien Gouvernement se servoit avec tant de succès, & l'on peut même dire de justice ?

Pourquoi n'imposeroit-on pas les spectacles pour alimenter le spectacle national, celui qu'il importe d'élever au-dessus des autres ?

Pourquoi n'étendroit-on pas cet impôt sur toutes les maisons de plaisir, de fête, qui sont établies ou qui s'établiront dans toute l'étendue de la République ?

Pourquoi ne percevroit-on pas cet impôt d'une manière honorable pour les arts en faveur desquels il seroit établi, & la moins onéreuse pour celui sur qui il devroit peser ?

Si le mode de perception est facile, avantageux & sage pour les imposés, sans contredit on s'empressera d'en faire usage.

Nous proposons donc ; 1°. que le produit

de la moitié de toutes les premières représentations des nouveaux ouvrages donnés sur tous les théâtres de la République, soit versé dans la caisse du théâtre des arts; 2°. qu'aucun théâtre ne puisse s'établir sans que la moitié de sa première représentation n'ait la même destination; 3°. que le 1er. vendémiaire, jour de la fête de la fondation de la République, & le 30 ventôse, jour de la souveraineté du peuple, tous les théâtres jouent pour le compte de l'Opéra.

Il est probable que cette sorte d'impôt, sans grever d'une manière trop sensible les imposés, sera assez productive pour équivaloir au paiement des honoraires des artistes en activité, qui peut s'élever de quatre à cinq cent mille francs. Il resteroit encore à fournir à trois objets bien essentiels.

Les retraites, les frais journaliers, & enfin les frais de magasins.

Pour satisfaire ces besoins importans, il nous reste les recettes journalières; nous les destinerons seulement aux retraites & aux frais journaliers; nous réserverons pour fournir aux frais des magasins, le dernier objet dont nous nous proposons de parler à la fin de ces notes.

Des Retraites.

Les retraites ne doivent pas (en les accordant sur l'ancien pied, ce qui je crois contentera tout le monde) s'élever annuellement au-dessus de cent mille francs. Nous savons qu'on pourroit nous demander à ce sujet un calcul exact & nous dire qu'en pareille matière on ne calcule pas aussi en l'air; mais comme nous ne parlons ici que pour le Gouvernement qui a tous les renseignemens possibles sur l'objet que nous traitons; que pour ceux qu'une longue habitude de l'Opéra a instruit autant que nous; il leur sera facile de juger de la justesse ou de la fausseté de nos idées.

Il importe à la justice du Gouvernement d'assurer le payement de ces retraites d'une manière tout au moins aussi solide que celle employée pour les artistes en activité ; or nous trouvons dans les recettes un mode tel que nous le desirons.

Il faut qu'en outre des représentations journalières, l'Opéra donne tous les mois une représentation extraordinaire (& avec toutes entrées suspendues) au profit des pensionnaires ; il faut que ce jour-là le spectacle soit plus soigné (s'il est possible) qu'à l'ordinaire ; il faut que tous les artistes se fassent un honneur, un devoir de rendre ce spectacle plus brillant qu'aucun autre ; il faut que la première représentation de tous les Opéra nouveaux ne puisse se donner que ce jour-là ; il faut que le prix des places soit tiercé : par ce moyen on obtiendra dans ces douze représentations par an, une somme de cent mille francs au moins, qui assureront le service des retraites ; par ce moyen tous les artistes devront à eux-mêmes dans leur vieillesse, le sort qu'ils se seront fait dans leur jeune âge. Ces représentations extraordinaires deviendront pour eux le plus doux des devoirs à remplir.

Des Frais journaliers.

Si, comme il est certain, nous trouvons dans l'impôt sur les spectacles, un revenu suffisant pour pourvoir aux honoraires des artistes en activité ;

Si, comme nous le pensons, dans les douze représentations extraordinaires, nous prélevons les fonds nécessaires aux besoins des pensionnaires ;

Il nous restera, pour subvenir aux frais d'entretien, de décore & journaliers, les recettes journalières.

En suivant toujours notre calcul approximatif, nous porterons ces frais-là à 400 mille francs par chaque année, & nous pensons que personne ne nous accusera de parcimonie.

Il est facile de juger que les recettes journalières sont plus que suffisantes pour faire face à ces frais, même en les portant à un prix très médiocre.

Il y a cinq représentations par décade, nous les mettrons à 2000 francs l'une dans l'autre, ce qui nous donne trente mille francs par mois, qui multipliés par douze, produisent trois cent soixante mille francs ; nous aurons encore le revenu des loges à l'année, celui des repréfentations extraordinaires indépendantes de celles deftinées aux retraites, & enfin les produits des concerts & des bals, qu'avec de l'union & une fage adminiftration, il eft facile de faire revivre d'une manière très-avantageufe.

Ces mefures prifes, nous n'avons plus à nous occuper que des befoins des magafins, & à trouver le moyen que le Gouvernement ne foit pas grévé de cette dépenfe.

Ceci nous conduit au développement d'un très-grand projet, & qu'il eft pourtant fort aifé d'exécuter fi le Gouvernement veut faire un léger facrifice.

Nous propofons de bâtir une falle d'Opéra dans le plus beau quartier de Paris, dans le lieu le plus magnifique, le plus commode, le plus propre à la circulation, & le plus ifolé quoiqu'au milieu de cette immenfe cité.

Nous démontrerons la poffibilité de bâtir cette falle fans qu'il en coûte un fol à débourfer au Gouvernement ; le moyen que nous lui indiquerons affurera fous trois ans au plus tard une ressource certaine pour les magasins de l'Opéra, & donnera à la grande nation un monument digne d'elle & du spectacle unique qui doit l'occuper.

PLAN
de la Salle d'Opéra dont les Bâtimens accessoires doivent fournir aux besoins des Magasins.

Que le Gouvernement sacrifie le couvent des Feuillants & celui des Capucins Honoré, à une compagnie ; que le premier soit destiné à construire une salle d'Opéra avec toutes ses appartenances ; que le second joint à quelqu'autre domaine national, serve de paiement & d'indemnité à cette compagnie, pour les dépenses qu'elle sera obligée de faire afin d'exécuter le plan ci-après.

1°. Cette salle devra être entièrement terminée & ouverte sous trois ans, à dater du jour où l'on posera le marteau ; elle sera construite sur le local actuel des Feuillants.

2°. On employera pour l'intérieur, tous les matériaux & machines de celle qui existe actuellement, ainsi que ceux de la salle du château de Versailles, & qui seront mis en tems & lieu à la disposition des constructeurs.

3°. L'entrée de la salle donnera sur la rue Honoré, & un grand péristile bâti dans toute la largeur du bâtiment, donnera la facilité aux voitures de circuler librement & de déposer le public à couvert.

4°. Un second péristile après celui-ci, mettra les piétons & ceux qui seront descendus de voiture, à l'abri de tout danger.

5°. La salle sera construite sur le terrein des Feuillants, de manière qu'elle ait derrière le théâtre un jardin assez spacieux & assez grand pour permettre des manœuvres militaires.

6°. Le fond du théâtre donnera dans le jardin & pourra s'ouvrir à volonté, ensorte que s'il arrivoit, soit à l'occasion d'une fête publique, soit dans une pièce à grand spectacle qu'on voulût effectuer le simulacre d'un siége, d'une bataille, d'un combat ou d'un tournois, la toile en se levant, laisseroit appercevoir au spectateur toute l'étendue de ce jardin où pourroit se passer l'action.

7°. Le fond du jardin seroit fermé par une grille seulement : on en ouvriroit une semblable vis-à-vis dans les Tuileries, ensorte qu'on pourroit voir de la salle cet immense & magnifique jardin ; ce qui, dans certaines occasions, produiroit un effet unique & introuvable partout ailleurs.

Nous n'avons pas besoin d'entrer dans des détails pour faire sentir tout le merveilleux d'un pareil tableau, & tout l'avantage d'une pareille mesure ; c'est pour lors que le charme de l'Opéra pourroit s'appeller véritablement une magie ; c'est pour lors que les auteurs de tous les genres pourroient donner un entier développement à leurs idées ; c'est pour lors enfin qu'on pourroit sans danger, sans inconvénient, & sans blesser la vraisemblance, donner des spectacles qui ne pourroient être assimilés à aucun autre du monde.

Les deux côtés de la salle seront bâtis en

arcades, sous lesquelles on formera des boutiques, & ces arcades donneront sur deux rues qui communiqueront de la rue Honoré à celle qui longera les Tuileries, où se trouveront des passages à côté de la grille qui donnera dans le jardin. Ces deux rangs de boutique seront, sans contredit, d'un produit extrêmement considérable pour l'Opéra, puisqu'elles seront placées dans le centre de Paris, dans le quartier le plus passager, & à la proximité des plus belles promenades.

Ainsi la salle de l'Opéra se trouvera isolée, & par conséquent hors d'état de nuire en cas d'événement ; elle aura devant elle la place Vendôme, qui lui servira de cour & d'entrepôt favorables aux voitures, & de tous les côtés des rues larges donneront la facilité de circuler sans danger.

Un autre avantage de cette salle, & qui prête à d'autres idées non moins utiles à cet intéressant établissement, c'est la faculté d'un jardin heureusement situé, dont l'Opéra se trouvera pourvû.

Il est de fait que pendant l'été, ce spectacle est peu couru ; on aime à ne point être enfermé : un nouveau genre de plaisir a fait abandonner celui-ci dans la belle saison.

Un jardin au lieu de l'Opéra, pourra donner au public ce même plaisir après lequel il court, & le rendre bien plus digne de son attention par les ressources immenses qui se trouvent dans la réunion des artistes de l'Opéra, & dans la foule des gens qui y sont employés.

Ainsi, pendant l'été, le jardin de l'Opéra qui se trouveroit presque contigu à celui des Tuileries, pourroit procurer aux gens fortunés tout le charme des fêtes champêtres, sans en priver le peuple moins aisé qui pourroit en jouir presque autant des Tuileries mêmes.

Le billet d'entrée au jardin donneroit celle de la salle.

On pourroit, pendant & après l'Opéra, varier tous les plaisirs possibles dans ce jardin, & trouver de quoi satisfaire tous les goûts.

Ainsi les constructions proposées donneroient une quantité de location considérable, le reste des bâtimens des Feuillants auxquels on ne toucheroit pas, formeroit une propriété considérable, certaine pour l'Opéra, & bien suffisante pour fournir aux besoins bien ordonnés de ses magasins.

FIN.

De l'Imprimerie de PRAULT, rue Taranne, N°. 749, à l'Immortalité.
AN VII.

www.ingramcontent.com/pod-product-compliance
Lightning Source LLC
Chambersburg PA
CBHW070526050426
42451CB00013B/2877